まちごとチャイナ

Zhejiang 011 Wenzhou

温州

「温州発」
全土へ、世界へ

Asia City Guide Production

【白地図】温州と浙江省

CHINA
浙江省

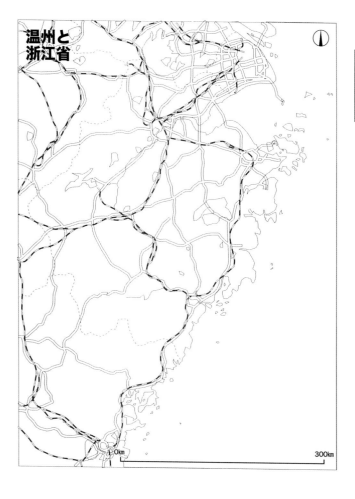

【白地図】温州

CHINA
浙江省

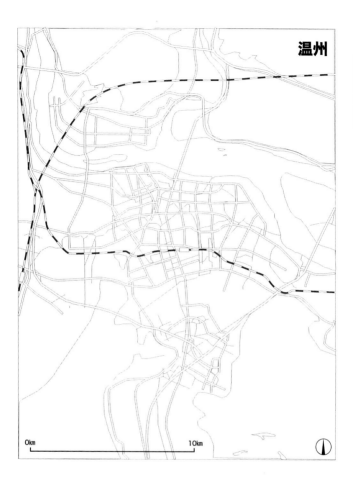

【白地図】温州中心部

CHINA
浙江省

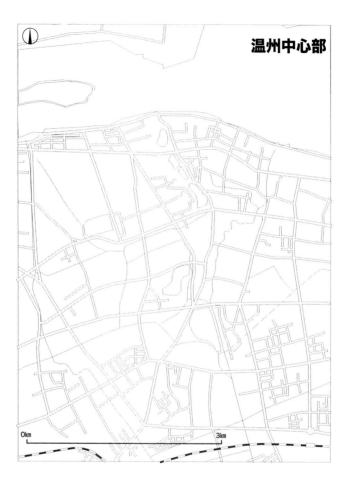

【白地図】江心嶼

CHINA
浙江省

【白地図】旧城西部

CHINA
浙江省

旧城西部

Wenzhou

白地図

【白地図】九山公園

CHINA
浙江省

【白地図】温州旧城

CHINA
浙江省

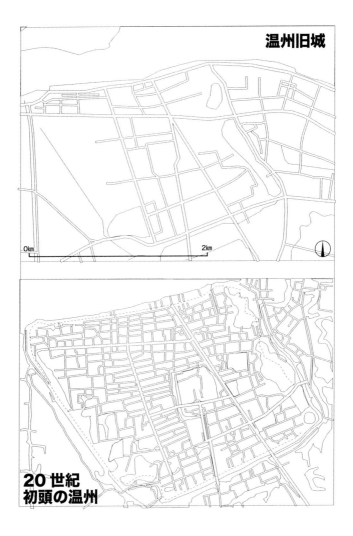

温州旧城 Wenzhou 白地図

20世紀初頭の温州

【白地図】五馬街

CHINA
浙江省

五馬街

Wenzhou 白地図

【白地図】旧城東部

CHINA
浙江省

【白地図】温州新市街

CHINA
浙江省

温州新市街

Wenzhou

白地図

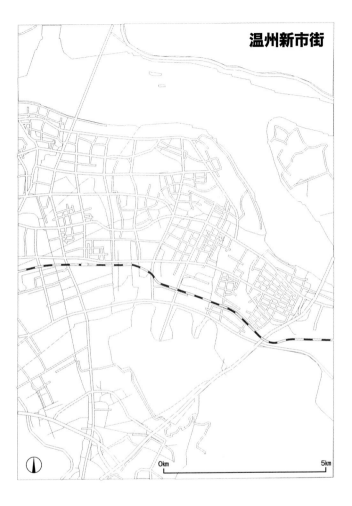

【白地図】世紀広場

CHINA
浙江省

世紀広場

【白地図】温州新市街と温州空港

CHINA
浙江省

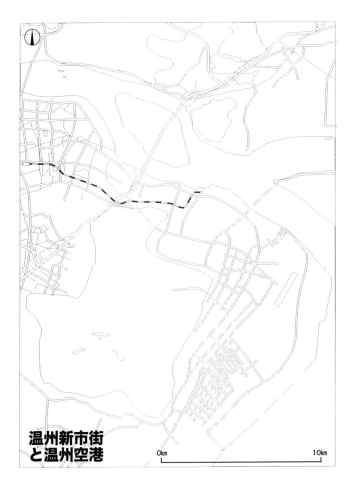

温州新市街と温州空港

0km　10km

Wenzhou 白地図

【白地図】温州近郊

CHINA
浙江省

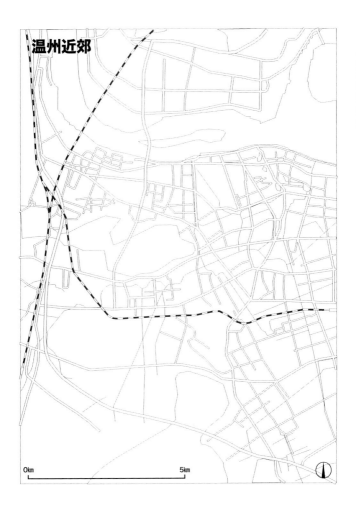

【白地図】南塘

CHINA
浙江省

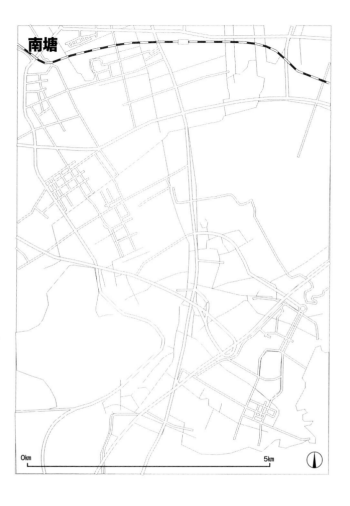

【白地図】温州郊外

CHINA
浙江省

温州郊外

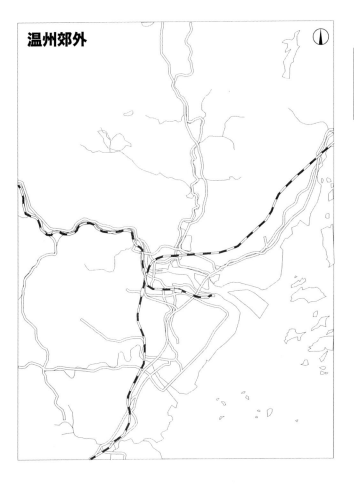

【まちごとチャイナ】

浙江省 001 はじめての浙江省

浙江省 002 はじめての杭州

浙江省 003 西湖と山林杭州

浙江省 004 杭州旧城と開発区

浙江省 005 紹興

浙江省 006 はじめての寧波

浙江省 007 寧波旧城

浙江省 008 寧波郊外と開発区

浙江省 009 普陀山

浙江省 010 天台山

浙江省 011 温州

浙江省で最大の人口を抱え、この省南部の商業・経済・文化中心地の温州。1978年の改革開放を受けて、商売上手な温州商人を輩出し、いち早く経済成長をなし遂げた中国式資本主義「揺籃の地」とされる。

温州は古く東甌と呼ばれて、漢族とは異なる百越の一派が暮らしていた。六朝貴族の謝霊運（385～433年）がこの地（永嘉）の美しい山水を詠んで知られるようになり、唐代の674年から温州という街名が定着した。杭州に都がおかれた南宋（1127～1279年）時代には多くの科挙を輩出し、港町として

Wen Zhou
温州 Wēn zhōu
ウェンチョオウ
温州

繁栄したが、その後、1876年に開港されるまでしばらく停滞していた。

　20世紀末の改革開放を受けて、人びとは自由に機を見つけては商売を成功させ、温州は高層ビルの立ちならぶ商業都市へ発展した。一方で、古代ペルシャのマニ教が17世紀までこの地に残り、また日本の温州みかんの名前のもとになったほど、柑橘類の栽培が盛んな場所でもある。

【まちごとチャイナ】

浙江省 011 温州

目次

温州	xxxii
商才繚乱の浙江最大都市	xxxviii
江心嶼鑑賞案内	li
旧城西部城市案内	lxx
旧城中央城市案内	lxxxvii
旧城東部城市案内	ciii
強い絆と反骨の土地がら	cxvi
新市街城市案内	cxxiv
旧城近郊城市案内	cxxxviii
温州郊外城市案内	cxlvii
城市のうつりかわり	clviii

【MEMO】

【地図】温州と浙江省

CHINA
浙江省

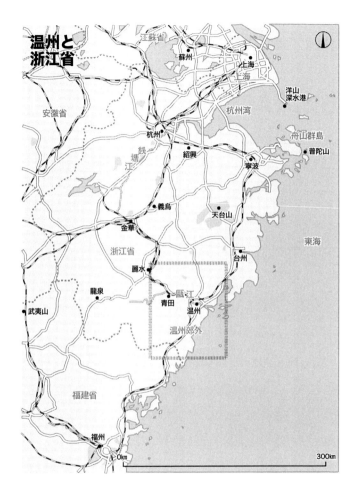

商才繚乱
の浙江
最大都市

CHINA
浙江省

浙江省最大の人口を抱える温州
労働力は多いが耕地が少ない土地がらから
温州人は中国全土へ進出していった

浙江省南部「温州の地」

古代中国の地理書『山海経』には「甌居海中（甌は温州）」とあり、海と陸地が交わる温州の記述が見られる。杭州、紹興、寧波といった浙江省北部の平野部の街に対して、温州は浙江省南部から福建省へと続く丘陵地にある一方、海に面する特徴をもつ（こうした地形は浙江省南部の温州から福建省の福州、泉州、厦門、そして広東省の潮州へ続く）。同じ浙江省にありながら、杭州までは遠く、温州の開発は唐代に南の福建側からの移住者によって進められたという。78.2%の山地、17.5%の平原という温州では、耕作地がとぼしく、人びとは

Wenzhou 商才繚乱の浙江最大都市

古くから手工業や商業、海上交易（華僑）に活路を見出してきた。温州は甌江を30kmくだった東海を通じて、北側の台州、寧波、南側の福州、泉州と海路で結ばれていた。

進撃する温州商人

「市場があれば温州人がいる。市場なければ温州人が現れる」という言葉は、温州人が利にさとく、商機をつかんでは成功させる商人気質からきている。1978年に改革開放がはじまると、温州商人はいち早く地縁、血縁関係をもとに資本を集めて各種の商売を成功させ、自営業や民間企業が中心になっ

CHINA
浙江省

▲左　温州一のにぎわいを見せる五馬歩行街。　▲右　市場では新鮮な魚介類がならぶ

て行なうその商法は温州モデルとして注目された（改革開放でそれまでの計画経済から資本主義の要素が導入された）。1980年以前の温州では、耕作に必要な労働力57万人に対して、260万人の農業労働人口がいたという。こうした余剰労働力が商人として中国全土に進出し、1990年代、各地に温州村や温州街が形成された。また中国にとどまらずパリ（フランス）をはじめとする西欧諸国にも進出し、理髪店、中華料理店、メガネ店などを営んだ。温州人の話す温州語（呉語系）は中国でもっとも難解な方言とされ、他の人びとの理解できない温州語を紐帯にして強い連帯を見せることから、「（温州

【MEMO】

Wenzhou

商才繚乱の浙江最大都市

浙江省

人は）中国のユダヤ人」とも呼ばれる。

温州みかんは温州から

日本で食べられている「温州みかん」は、浙江省東部から伝わった種をもとに、日本で出現した新種で、柑橘類で古くから知られた「温州」の名前が冠された。中国では紀元前5世紀の『書経』に橘や柚といった柑橘類が貢物とされたという記録が残り、食用だけでなく薬用としても使われたという。常緑果樹の柑橘類は、温暖な地方で栽培され、春と夏の雨の多い温州は格好の生産地となり、温州のみかんは、唐代から

▲左　昔ながらの建築も見られる、温州旧城にて。　▲右　浙江省最大都市の温州、街の規模が大きい

Wenzhou　商才繚乱の浙江最大都市

朝廷への献上品でもあった。南宋の温州知州をつとめた韓彦直は1178年、柑橘類の専門書『橘録』を記し、みかんの栽培方法や品種について言及している。そのなかで「南塘（温州）の柑は、比年、尤も盛んなり」と書き、また永嘉学派の葉適は「林有れば皆な橘樹なり」と記している。日本では、江戸時代紀州みかんが知られていたが、明治以後、浙江省温州の名前がつけられた温州みかんが優勢になった。

浙江省

温州の構成

北、西、南の三方を山に囲まれ、東側は甌江から東海に通じる立地をもつ温州。温州は甌江のほとりに開け、中洲の江心嶼には仏教寺院や塔、楼閣、亭が立つ。甌江南岸に温州港があり、さらにその南側に古い時代の街区を残す温州旧城が位置する。昔ながらの路地が残る一方で、九山公園、海壇山公園、華蓋山景区などの丘陵が旧城内にあり、緑豊かな自然も市街地に隣接する。この温州旧城のすぐ南側を東西に人民路が走り、高層ビルが林立するほか、南東に5kmほど離れて鉄道の温州駅と、温州市府、博物館、大劇院の集まる新市街が

Wenzhou 商才繚乱の浙江最大都市

あり、さらに旧城東側の広大な街区が開発区として整備されている（高鉄の温州南駅は市街から南西10kmに位置する）。また温州郊外の澤雅風景区、楠溪江風景名勝区、雁蕩山風景名勝区では、六朝貴族の謝霊運（385〜433年）の時代から知られた温州の風光明媚な山水が見られる。

【地図】温州

【地図】温州の [★★★]
- ☐ 江心嶼 江心屿 ジィアンシィンユゥウ
- ☐ 五馬歩行街 五马步行街 ウウマアブウシィンジエ

【地図】温州の [★★☆]
- ☐ 九山公園 九山公园 ジィウシャンゴォンユゥエン

【地図】温州の [★☆☆]
- ☐ 甌江 瓯江 オォウジィアン
- ☐ 世紀広場 世纪广场 シイジイグゥアンチャァアン
- ☐ 温州国際会展中心 温州国际会展中心 ウェンチョウグゥオジイフイチャンチョンシィン
- ☐ 温州大橋 温州大桥 ウェンチョウダアチャオ
- ☐ 南塘 南塘 ナァンタァン
- ☐ 温州楽園 温州乐园 ウェンチョウラアユゥエン

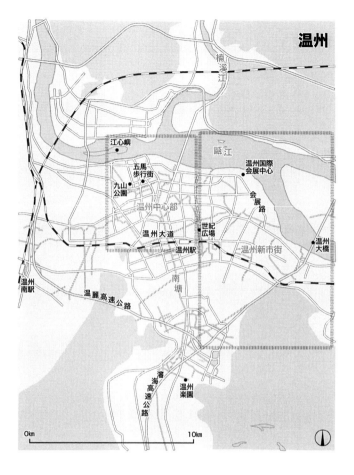

温州 — Wenzhou — 商才繚乱の浙江最大都市

【地図】温州中心部

【地図】温州中心部の [★★★]
- ☐ 江心嶼 江心屿 ジィアンシィンユゥウ
- ☐ 五馬歩行街 五马步行街 ウウマアブウシィンジエ

【地図】温州中心部の [★★☆]
- ☐ 温州旧城 温州旧城 ウェンチョウジィウチャン
- ☐ 九山公園 九山公园 ジィウシャンゴォンユゥエン

【地図】温州中心部の [★☆☆]
- ☐ 甌江 瓯江 オォウジィアン
- ☐ 温州港 温州港 ウェンチョォウグァン
- ☐ 江心東塔 江心东塔 ジィアンシィンドォンタア
- ☐ 江心西塔 江心西塔 ジィアンシィンシイタア
- ☐ 信河街 信河街 シィンハアジィエ
- ☐ 人民路 人民路 レェンミィンルウ
- ☐ 温州世貿中心大厦 温州世贸中心大厦 ウェンチョウシイマオチョンシィンダアシャア
- ☐ 解放街 解放街 ジィエフゥアンジエ
- ☐ 南塘 南塘 ナァンタァン

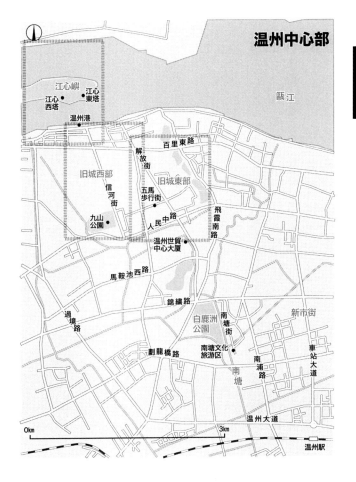

【MEMO】

CHINA
浙江省

Guide,
Jiang Xin Yu
江心嶼
鑑賞案内

甌江の恵みを受けて育まれた温州
温州旧城の北側には江心嶼が浮かび
この街を代表する景勝地が集まる

甌江 瓯江 ōu jiāng オォウジィアン ［★☆☆］

浙江省南部を流れ、温州を通って東海にそそぐ甌江。浙江省では銭塘江につぐ大河で、温州の古名永嘉から永嘉江とも呼ばれる。山がちな浙江省南部では甌江の水系が交通路となり、河川を通じて上流の木材や陶磁器（龍泉窯）が運ばれるなど、物資や人が往来してきた（水系ごとに異なる方言、文化をもつと言われる）。温州市街の南西を流れる龍泉大溪、温州で甌江に合流する楠溪江などの支流では両岸から断崖がせまり、美しい風景をつくる。

【地図】江心嶼

【地図】江心嶼の ［★★★］
- [ ] 江心嶼 江心屿 ジィアンシィンユゥ
- [ ] 江心寺 江心寺 ジィアンシィンスウ

【地図】江心嶼の ［★★☆］
- [ ] 浩然楼 浩然楼 ハオラァンロウ
- [ ] 温州旧城 温州旧城 ウェンチョウジィウチャン

【地図】江心嶼の ［★☆☆］
- [ ] 甌江 瓯江 オォウジィアン
- [ ] 温州港 温州港 ウェンチョウグァン
- [ ] 文天祥祠 文天祥祠 ウェンティエンシィアンツウ
- [ ] 旧イギリス領事館 英国驻温州领事馆旧址 イィングゥオチュウウェンチョウリィンシイグゥアンジィウチイ
- [ ] 江心東塔 江心东塔 ジィアンシィンドォンタア
- [ ] 温州革命歴史紀念館 温州革命历史纪念馆 ウェンチョウガアミィンリイシイジイニィエングァン
- [ ] 江心西塔 江心西塔 ジィアンシィンシイタア
- [ ] 澄鮮閣 澄鲜阁 チャンシィエンガア
- [ ] 望江東路 望江东路 ワァンジィアンドォンルウ
- [ ] 星河広場 星河广场 シィンハアグゥアンチャアン
- [ ] 信河街 信河街 シィンハアジィエ

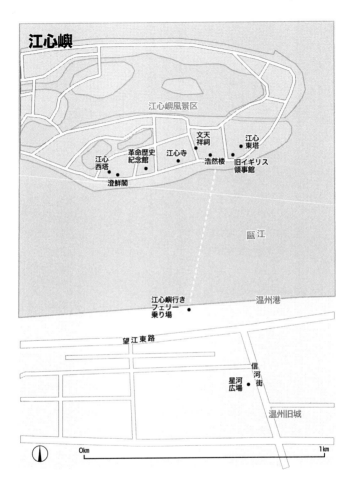

CHINA
浙江省

温州港 温州港 wēn zhōu gǎng ウェンチョウグァン[★☆☆]
温州港は甌江河口から30kmほどさかのぼった河港で、北の台州、普陀山、寧波、上海、南の福州、泉州、台湾へと海路で通じていた。温州には戦国越（〜紀元前334年）の時代から港があったと言われ、北宋時代に造船業で中国有数のものとなり、南宋時代には国際貿易港となっていた。1876年の中英煙台条約で開港し、江心嶼や甌江南岸に領事館や銀行、商館が構えられた（イギリス人が殺害された1875年のマーガリー事件後、不平等条約の中英煙台条約が結ばれ、温州は開港した）。また現在では、より海運に優れた東海に面する

▲左　温州の景勝地が集まる江心嶼。　▲右　温州旧城とフェリーで結ばれている

甌江河口部の温州湾に新たな深水港が築かれ、温州の物流拠点となっている。

江心嶼 江心屿 jiāng xīn yǔ ジィアンシィンユゥウ ［★★★］

温州を代表する景勝地が集まり、川面に浮かぶその様子から「甌江蓬莱」と呼ばれる江心嶼。中国山水詩の祖とされる謝霊運（385〜433年）が永嘉（温州）時代に『登江中孤嶼』を詠った場所で、ほかにも李白や杜甫、孟浩然など中国を代表する文人たちに愛されてきた。もともとは東西ふたつの島で、それぞれに「東塔（唐代の869年創建）」と「西塔（北

浙江省

宋の969年創建)」が向かいあって立っていた。宋代の1137年、仏教僧侶清了が両者のあいだを流れる中川を埋め立てて、島をひとつにし、「中川寺（江心寺）」を建立した。その後、「浩然楼」「文天祥祠」「謝公祠」「革命紀念館」などが整備され、島全体がいくつもの亭や橋、築山、樹木をそなえる江心嶼風景区となっている。また甌江の土砂の堆積を受け、唐宋時代にくらべて島は西側に広がり、現在、江心嶼中心部から西に1.5kmほど離れた江心西園には巨大な観覧車やアトラクションも位置する。江心嶼から温州の街並みが見渡せるほか、島の周囲には獅岩、象岩が浮かぶ。

▲左　江心寺の前方に立つ過去七仏をまつる仏塔。　▲右　黄色の派手な周壁をもつ古刹の江心寺

江心寺 江心寺 jiāng xīn sì ジィアンシィンスウ ［★★★］

温州を代表する仏教古刹で、「江天佛国」とも呼ばれる江心寺。この地には唐代869年創建の「東塔（普寂院）」、北宋969年創建の「西塔（浄信院）」があったが、1130年、金軍の侵攻を受けて温州に逃れてきた宋の高宗の行宮がおかれ、それぞれ龍翔院と興慶院と名づけられた（東西それぞれ別の島だった）。1137年、青了禅師が東塔と西塔のあいだを流れていた中川を埋め立て、東西両者をあわせるかたちで、「中川寺（中の川に立つ寺）」が建立され、高宗から「江心寺」の扁額を賜った。明代初期に仏閣と法堂をもうけ、周壁をめぐらせるなど、

浙江省

いくども改修されて現在にいたる。四隅のそりあがった屋根、黄色の壁面の外観をもち、「天王殿」からなかに入ると、「三聖殿」「三畏堂」「鐘鼓楼」などの伽藍が展開する。

雲朝朝朝朝朝朝朝朝散

江心寺入口の天王殿には、温州官吏をつとめた王十朋（1112〜71年）による対句「雲朝朝朝朝朝朝朝朝散、潮長長長長長長長消」の文字が見える。これは「雲は朝（あした）に朝（しおさ）し、朝（あした）朝（あした）に朝（しおさ）し、朝（あした）に朝（しおさ）し、朝（あした）に散り、潮は

長く長（わ）き、長く長く長（わ）き、長く長（わ）き、長く消ゆ」を意味する。

温州の仏教

温州では晋代の 295 年に永嘉羅浮山に仏塔が建立され、325 年に現在の公園路に崇安寺が建てられた（この崇安寺は唐代に開元寺と改名されている）。六朝（南朝）時代、都南京から適度に離れた「風光明媚の地」温州には、謝霊運などの六朝貴族や南朝庇護のもと多くの仏教寺院が建てられるようになった。こうした流れは仏教を保護した銭弘俶の呉越国（五

CHINA
浙江省

代十国のひとつで都は杭州、907 〜 978 年)から、江心寺が五山十刹(十刹)の一角に数えられた南宋時代にかけてさらに増し、往時には温州に 200 の仏教寺院があったという。この時代、温州に拠点をおいた永嘉学派の葉適とも親しかった文人徐照(〜 1211 年)は『題江心寺』のなかで、「両寺今為一、僧多外国人(ふたつの寺は今はひとつで、僧に外国人多し)」と詠んでいて、士大夫たちの交流の場となっていた。日本人の僧侶が身を寄せていたとも伝えられ、元代の 1339 年、日本僧の無文元選が温州を訪れている。

▲左 江心寺のそばに立つ浩然楼。　▲右 甌江の向こうに高層ビル群が見える

浩然楼 浩然楼 hào rán lóu ハオラァンロウ ［★★☆］

木造三間の正面をもち、開放的なつくりをしている浩然楼。明代の官吏呉自新が1580年に建てたもので、文天祥の『正気歌』の「于人曰浩然、沛乎塞蒼冥」からとも、唐代の詩人孟浩然の名前に由来するともいう。孟浩然は40歳のとき長安で科挙を受けたが失敗し、山水のなかで自然詩を書きながら自由に生きた（『春眠暁を覚えず』で知られる）。この孟浩然は温州北東30kmの楽城（楽清）へ左遷されていた旧友の張子容を尋ね、正月を過ごしたのち、738年に船で温州を訪れ、『永嘉上浦館逢張八子容』を詠んでいる。現在の建物は

浙江省

1773年に再建されたものをもとにしていて、上階から甌江を眺めることができる。

文天祥祠 文天祥祠
wén tiān xiáng cí ウェンティエンシィアンツウ [★☆☆]

せまりくるモンゴル軍に対して、南宋復興を掲げて戦ったが、処刑された文天祥（1236～82年）をまつる文天祥祠。南宋の都杭州が陥落するなかで、いったんは元軍にとらえられていた文天祥は鎮江から脱出し、長江、海路を伝わって温州へやってきた。杭州の南宋朝廷滅亡後の1276年、新たな南宋

江心嶼鑑賞案内 Wenzhou

朝廷が福州で樹立され、当時の温州はモンゴルに対する南宋の抵抗拠点のひとつとなっていた（福州に行宮をもうけたものの、南宋朝廷は泉州、潮州へと都落ちしていった）。文天祥は義勇軍とともに各地で転戦するなど最後まで抗戦したが、やがて元軍にとらえられて処刑された。江心嶼の文天祥祠は「二君にまみえず」という文天祥の儒教的美徳をたたえて、1482年、江心寺の東側に創建された文信国公祠をはじまりとする。現在の文天祥祠は清代に再建されたのち、いくども改修されたもので、1530年建立の「北帰し江心寺に宿す」の詩碑も残る。

浙江省

旧イギリス領事館 英国驻温州领事馆旧址
yīng guó zhù wēn zhōu lǐng shì guǎn jiù zhǐ イィングゥオチュウウェンチョウリィンシイグゥアンジィウチイ [★☆☆]

アヘン戦争後の1876年、中英煙台条約(芝罘条約)で宜昌、蕪湖、北海とともに開港した温州。旧イギリス領事館は温州開港にあわせて、外交、関税にまつわる業務、イギリス人の保護などを目的に江心嶼東峰麓に建てられた(1875年に雲南ビルマ国境でイギリス人マーガリーが殺害されたことを受け、イギリスは不平等条約の締結をせまった)。この旧イギリス領事館が温州旧城から離れた江心嶼に構えられたのは、

▲左 江心東塔、先端部が失われている。 ▲右 1876年の温州開港を受けて建てられた旧イギリス領事館

甌江を使った「海運の利便性」や「治安上の問題」があげられる。現在は工人療養院となっていて、南方のイギリス植民地でしばしば見られた気候に適したベランダをもつ2階建ての洋館となっている。

江心東塔 江心东塔
jiāng xīn dōng tǎ ジィアンシィンドォンタア [★☆☆]

江心嶼の双塔のうち、東峰に立つ江心東塔。普寂院（仏教寺院）に付属した仏塔で、仏舎利がおさめられていた。唐代の869年に創建され、南宋の1141年に重建されるなど、その後、

浙江省

幾度か再建されている。六角七層からなる塔の高さはもとは30mを越したが、現在は上部を失い28mとなっている。

温州革命歴史紀念館 温州革命历史纪念馆
wēn zhōu gé mìng lì shǐ jì niàn guǎn
ウェンチョウガアミィンリイシイジイニィエングァン［★☆☆］

江心寺の西側に立つ温州革命歴史紀念館。20世紀初頭からなかごろにかけて、国民党から共産党へ統治者が替わるなか、営まれた歩みが写真展示で説明されている。温州は1949年5月に解放され、中国共産党の勢力下に入った。

▲左 革命烈士の彫像前で出合った父子。　▲右 江心西塔は六角七層のプランをもつ

江心西塔 江心西塔
jiāng xīn xī tǎ ジィアンシィンシイタア ［★☆☆］

江心西塔は東塔に遅れること100年後、宋代の969年に建てられた（東塔と同じ869年に建てられたともいう）。仏教寺院の浄信院に付属する仏塔で、六角七層のプラン、高さは32mになり、各面の仏龕には仏像が安置されている。1982年に塔が傾斜したものの、改修され、いくども手を入れて現在の姿になった。この江心西塔が創建されたころは、西塔と東塔はそれぞれ別の島にわかれていた。

CHINA
浙江省

澄鮮閣 澄鲜阁 chéng xiān gé チャンシィエンガア [★☆☆]

宋代の1102年創建で、基壇のうえに二層の楼閣が立つ澄鮮閣。明代の1591年に重建され、そのとき謝霊運の詩『登江中孤嶼』の「雲日相輝映、空水共澄鮮」からとって澄鮮閣となった。水陸閣とも江上楼とも言う。

Guide,
Jiu Cheng Xi Fang
旧城西部
城市案内

CHINA
浙江省

全国第2の進士合格者を出した南宋時代の温州
銀坊、糖坊、皮坊、油坊、蒲鞋坊、麻坊、醋坊など
人びとの生活に直結した名前の路地名が現在も残る

望江東路 望江东路
wàng jiāng dōng lù ワァンジィアンドォンルウ [★☆☆]
温州旧城の北側、甌江にそうようにして走る望江東路（城壁がとり払われて整備された）。東西を結ぶ街の大動脈となっているほか、ちょうど甌江南岸は温州港となっていて、フェリーや貨物船が往来する。望江東路と解放街との交差点に温州旧城の「朔門」、信河街との交差点に「拱辰門」がおかれていた。

星河広場 星河广场
xīng hé guǎng chǎng シィンハアグゥアンチァアン[★☆☆]

星河広場は信河街の北端に位置し、近くから江心嶼へのフェリーが出ている。また星河広場周囲には工人文化宮などの大型建築が立つ。

【地図】旧城西部

【地図】旧城西部の [★★☆]

- ☐ 温州旧城 温州旧城ウェンチョウジィウチャン
- ☐ 朔門街 朔门街シュゥオメンジィエ
- ☐ 九山公園 九山公园ジィウシャンゴォンユゥエン
- ☐ 淨光塔 净光塔ジィングゥアンタア
- ☐ 妙果寺 妙果寺ミィアオグゥオスウ
- ☐ 譙楼（鼓楼）谯楼チィアオロウ

【地図】旧城西部の [★☆☆]

- ☐ 甌江 瓯江オォウジィアン
- ☐ 望江東路 望江东路ワァンジィアンドォンルウ
- ☐ 星河広場 星河广场シィンハアグゥアンチャアン
- ☐ 信河街 信河街シィンハアジィエ
- ☐ 黄府巷 黄府巷フゥアンフウシィアン
- ☐ 城西キリスト教堂 城西基督教堂
  チャンシイジイドゥウジィアオタァン
- ☐ 解放街 解放街ジィエフゥアンジエ
- ☐ 人民路 人民路レェンミィンルウ
- ☐ 水心公園 水心公园シュイシィンゴォンユゥエン

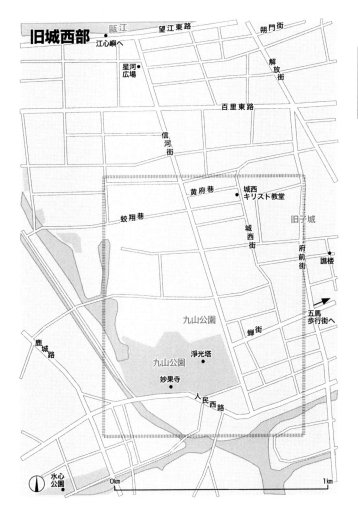

浙江省

朔門街 朔门街 shuò mén jiē シュゥオメンジィエ [★★☆]

朔門街は明清時代の温州旧城の趣を今に伝える路地で、400mほど続く（解放街と望江東路の交わる箇所にあった温州旧城の北門が朔門）。望江路からなかに入った朔門街一帯は、1876年の開港にあたって商埠地となり、かつて内横街と呼ばれていた。魚売り、油売り、竹細工、糕餅店はじめ、商人、職人たちが昔ながらの生活を営み、路地の両脇に続く白漆喰の建物、精緻な窓枠や敷きつめられた石畳が残る。

▲左　温州みかんという名前はここ温州からとられたもの。　▲右　江心嶼へのフェリーも出る星河広場あたり

信河街 信河街 xìn hé jiē シィンハアジィエ［★☆☆］

温州旧城西部を南北に走る長さ 1420m の信河街。かつてこの通りにそって信河（水路）が走り、温州港から陸揚げされる物資が船で運ばれていた。通りの両脇は人びとが集まって暮らす、南宋（1127 〜 1279 年）以来の貿易街でもあった。1177 年、知州の韓彦直は温州の水路を浚渫したと伝えられ、信河をはじめとする水路は人びとの生活に直結していた（温州は、明代に 75、清代に 185 の橋がかかる水郷という一面ももっていた）。現在の信河街は自動車やバスの走る旧城有数の大通りで、周囲には高層建築や商店が立つ。

浙江省

黄府巷 黄府巷
huáng fǔ xiàng フゥアンフウシィアン ［★☆☆］

黄府巷は、信河街から東西に伸びる無数の路地（72の路地があった）のひとつ。細い路地の両脇に石づくりの建物が残り、なかでも清代に建てられた「李氏民居」と「澹廬民居」が代表的なものとなっている。

【MEMO】

浙江省

城西キリスト教堂 城西基督教堂 chéng xī jī dū jiào táng
チャンシイジイドゥウジィアオタァン ［★☆☆］

温州開港直後の 1878 年にイギリス人宣教師李華慶によって建てられた城西キリスト教堂（現在の建物は 1898 年にイギリス人蘇慧廉が再建したもの）。ゴシック式建築の頂部には十字架が載り、内部は大堂の奥に福音堂が連なる。このキリスト教会の残る城西街は古い街並みが続き、城西という地名は銭元瓘（呉越王銭鏐の子）が 907 年に建てた温州子城の西側を意味する。

▲左　上部でつながる設計の新国光商住広場。　▲右　温州はキリスト教徒が多いことでも知られる、城西キリスト教堂

新国光商住広場 新国光商住广场
xīn guó guāng shāng zhù guǎng chǎng シィングゥオグァンシャンチュウグゥアンチャァアン [★☆☆]

五馬街から続く蝉街の西端にそびえる新国光商住広場。通りを覆うようにふたつの高層ビルが上部でつながり、その両脇にも高層ビル群がならび立つ。オフィス、住居、ショッピング・モールが一帯となった複合施設で、温州の新たな顔とも言える存在となっている。

【地図】九山公園

【地図】九山公園の ［★★☆］
- ☐ 九山公園 九山公园 ジィウシャンゴォンユゥエン
- ☐ 淨光塔 净光塔 ジィングゥアンタア
- ☐ 妙果寺 妙果寺 ミィアオグゥオスウ

【地図】九山公園の ［★☆☆］
- ☐ 新国光商住広場 新国光商住广场 シィングゥオグァンシャンチュウグゥアンチャァアン
- ☐ 信河街 信河街 シィンハアジィエ
- ☐ 黄府巷 黄府巷 フゥアンフウシィアン
- ☐ 城西キリスト教堂 城西基督教堂 チャンシイジイドゥウジィアオタァン
- ☐ 人民路 人民路 レェンミィンルウ

浙江省

九山公園 九山公园
jiǔ shān gōng yuán ジィウシャンゴォンユゥエン [★★☆]

温州旧城の南西隅にそびえる高さ 39m の松台山を中心に広がる九山公園。樹木の生い茂るこのあたりは、南宋時代の永嘉学派はじめ多くの温州文人たちに愛されてきた。なだらかな丘陵の頂部に淨光塔がそびえ、南麓の「妙果寺」はじめ、「朝闕亭」「絶境亭」「松風閣」といった楼閣や亭が立つ。九山公園南西に居を構えた葉適（水心先生）の邸宅、明代の官吏である張璁の故居（三牌坊）など、この公園の近くに温州文人が好んで暮らしていた。

▲左　高さ65.46mの淨光塔、九山公園にて。　▲右　温州を代表する古刹の妙果寺

淨光塔 净光塔 jìng guāng tǎ ジィングゥアンタア ［★★☆］

松台山の山頂にそびえ、あたりからもその姿を見ることができる淨光塔。唐代の名僧永嘉宿覚禅師によって806〜820年に建てられた仏塔をはじまりとし、永嘉宿覚禅師の舎利を安置する。現在の淨光塔は2003年に再建され、八角七層、高さは65.46mになり、先端部は金色で彩られている。

浙江省

妙果寺 妙果寺 miào guǒ sì ミィアオグゥオスウ ［★★☆］
松台山南麓に伽藍が展開する妙果寺。唐の神龍年間（705 ～ 706）年に永嘉玄覚大師によって創建され、北宋の 1008 年、杭州天竺寺の門下だった妙果文昌によって再建された。その後、継忠和尚（1010 ～ 82 年）が住持したとき、この寺は最盛期を迎え、天台宗の教義で知られていた。周囲にめぐらされた黄色の周壁、四隅のそりあがった屋根をもち、「天王殿」からなかに入ると「大殿（大雄宝殿）」「迎賓閣」「蔵経楼」と伽藍が続き、北宋時代の済陀古鐘（猪頭鐘）を安置する。

温州を拠点とした永嘉学派

永嘉学派は宋代の温州を拠点とした文人の一派で、開封や杭州といった都から離れたこの地で、独自の学問や思想が形成された（永嘉とは温州の旧名をさし、薜季宣、陳傅良、葉適らが知られる）。永嘉学派は朱熹などの理学に対して、目の前にある現実を重視する、功利主義的、実学的な学問を展開した。また漢族が南遷した南宋（1127 〜 1279 年）時代、温州には士大夫や文人が多く移住してきて、学問が盛んとなり、温州は全国第 2 位の科挙合格者を輩出するほどだった。

Guide,
Jiu Cheng Zhong Yang
旧城中央
城市案内

温州随一の繁華街、五馬歩行街
1000年前の温州旧城の面影を伝える街並み
温州旧城の中心はにぎわいを見せる

温州旧城 温州旧城
wēn zhōu jiù chéng ウェンチョウジィウチャン ［★★☆］
温州の街は、323年に現在の場所に築かれ、当時、永嘉と呼ばれていたが、唐の675年に温州という名前となった。とくに漢族が多く南遷し、杭州を都とした南宋時代に温州は発展し、温州旧城は当時の街区を今でも残す。甌江から信河街と解放街にそってふたつの水路が走り、その両脇から無数の路地が伸びる（王羲之ゆかりの墨池坊、謝霊運ゆかりの謝池坊はじめ、招賢坊、康楽坊、百里坊、錦春坊、五馬坊、世美坊、揚名坊などは南宋以来の路地）。南宋時代の温州は、みかん

【地図】温州旧城

【地図】温州旧城の [★★★]
- ☐ 五馬歩行街 五马步行街 ウウマアブウシィンジエ
- ☐ 江心嶼 江心屿 ジィアンシィンユゥ

【地図】温州旧城の [★★☆]
- ☐ 温州旧城 温州旧城 ウェンチョウジィウチャン
- ☐ 譙楼（鼓楼）谯楼 チィアオロウ

【地図】温州旧城の [★☆☆]
- ☐ 解放街 解放街 ジィエフゥアンジエ
- ☐ 甌江 瓯江 オォウジィアン
- ☐ 江心東塔 江心东塔 ジィアンシィンドォンタア
- ☐ 江心西塔 江心西塔 ジィアンシィンシイタア
- ☐ 望江東路 望江东路 ワァンジィアンドォンルウ
- ☐ 信河街 信河街 シィンハアジエ
- ☐ 東門商業歩行街 东门商业步行街 ドォンメンシャァンイェブウシンジエ
- ☐ 大南門 大南门 ダアナァンメン
- ☐ 温州世貿中心大厦 温州世贸中心大厦 ウェンチョウシイマオチョンシィンダアシャア
- ☐ 中山公園 中山公园 チョンシャンゴォンユゥエン

【地図】五馬街

【地図】五馬街の ［★★★］
- ☐ 五馬歩行街 五马步行街 ウウマアブウシィンジエ

【地図】五馬街の ［★★☆］
- ☐ 温州旧城 温州旧城 ウェンチョウジィウチャン
- ☐ 紗帽河 纱帽河 シャアマァオハア
- ☐ 譙楼（鼓楼）谯楼 チィアオロウ

【地図】五馬街の ［★☆☆］
- ☐ 解放街 解放街 ジィエフゥアンジエ
- ☐ 鼓楼街 鼓楼街 グウロウジエ
- ☐ 公園路 公园路 ゴォンユュエンルウ
- ☐ 興文里 兴文里 シィンウェンリイ
- ☐ 墨池坊 墨池坊 モオチイファン
- ☐ 大南門 大南门 ダアナァンメン
- ☐ 人民路 人民路 レェンミィンルウ

CHINA
浙江省

などの柑橘類、茶、茘枝、また造船業や陶磁器制作の盛んな街として知られていた。北京に都のおかれた明清時代に入ると、温州の繁栄は陰りを見せたが、1876年の開港を受けて、西欧文明が流入し、当時建てられた石づくりの欧風建築も旧城各所に残っている。

五馬歩行街 五马步行街
wǔ mǎ bù xíng jiē ウウマアブウシィンジエ [★★★]

そのにぎわいから「温州第一街」と呼ばれる全長400mの五馬歩行街。このあたりはちょうど温州治府の前方（南市）に

Wenzhou 旧城中央城市案内

▲左　文人謝霊運に由来する五馬の彫像。　▲右　五馬歩行街では石づくりの欧風建築が見られる

あたり、宋代から繁華街と知られていた。五馬街という名称は、422年、謝霊運が永嘉（温州）太守になったときに、南京から五馬車をともなってこの地に来たことに由来し、北宋時代に五馬街と命名された（通りの西端に5頭の馬の彫像が立つ）。清代も漢方薬店、絹布店、醤酒店などがならぶ温州随一の通りと知られ、1880年創建の「金三益」、1917年創建で中国と西欧の折衷様式の四層からなる「旧博甌百貨」はじめ、温州を代表する老舗や建築が残る。こうした20世紀初頭の石づくりの建物が立つ一方、現在は最新のファッションや情報を発信する歩行街として整備されている。

浙江省

この地で食べられている温州料理

浙江省南部の山の幸と海の幸を使った温州料理（甌菜とも言う）。黄魚など海鮮魚にかたくりこをまぶした名物の「三絲敲魚」、エビを使ったスープ料理の「三片敲蝦」。黄魚としいたけ、ハムを使った「帯扎魚筒」などが温州料理の代表格と知られる。また杭州の龍井茶よりも品質で劣るというものの、温州近郊で栽培された「雨前茶」も人びとに親しまれている。これら温州料理は温州人の進出した中国各地の温州村やパリのチャイナ・タウンでも食べられる。

紗帽河 紗帽河 shā mào hé シャアマァオハア［★★☆］
五馬街の南側を東西に走り、小吃店、女性向け宝飾品、衣料店がならぶ紗帽河。長さ300mほどの通りに500を超える店が軒を連ねる。宋代には双桂坊と呼ばれた由緒ある通りで、1958年に温州の街区整備を行なったときに、紗帽河（川）を埋め立てて新たに紗帽河（通り）として生まれ変わった。あたりには「朱宅大屋」「呂宅大屋」といった古い建築も残る。

浙江省

解放街 解放街 jiě fàng jiē ジィエフゥアンジエ ［★☆☆］

西側の信河街とともに温州旧城を南北につらぬく大動脈の解放街（五里長街）。甌江に面した「朔門（望江門）」と南の「大南門（瑞安門）」を結び、全長は2430mになる。長らく温州の交通、商業の要地だったところで、民国初期には「南北大街」、蒋介石時代には「中正路」と呼ばれた。1876年の開港後、イギリス、アメリカ、フランス、日本が温州に進出すると、この解放街の南端の大南門あたりが商業要地として栄えるようになった。通りには銀行や商店がずらりとならぶ。

▲左　南宋以前の温州の面影を伝える譙楼。　▲右　採光窓や屋根瓦、浙江省南部の建築様式

譙楼（鼓楼）谯楼 qiáo lóu チィアオロウ ［★★☆］

温州旧城の中央部にそびえ、千年古都の面影を伝える譙楼。五代呉越の銭元瓘（887〜941年）が907年に旧城中央に子城を築き、譙楼はちょうどその南門にあたった（また金軍から逃れた宋の高宗が1130年に温州に2か月滞在し、譙楼北側の州治に行宮をおいたことから、譙楼は「朝門」と呼ばれた経緯もある）。清初の1673年、中華人民共和国に入ってからの1994年など、たびたび改修され、城門上の楼閣は高さ10.1m、幅19.5 mになる。「東甌名鎮」「民具爾瞻」の扁額が見られるほか、なかには温州旧城にときを告げるための銅壺

浙江省

滴漏と太鼓がおかれ、譙楼は「鼓楼」とも呼ばれる。

温州旧城の中心にあった子城

唐代の675年に温州府がおかれ、その後の907年、呉越の銭元瓘が旧城中央部にさらに周囲1515mの子城を追加整備した。そのため、温州旧城は外城と子城（鹿城子城）の二重の城壁からなる「回」の字型の構造をもち、譙楼は外城と子城を結ぶ門でもあった（譙楼のちょうど北側に温州の行政府があった）。温州旧城はこの子城（温州府）を中心に、甌江に面した旧城北側が「埠頭（港町）」、南側が「市場」、東側が「寺

▲左　譙楼におかれた太鼓、これを打って時間を知らせた。　▲右　白の漆喰壁、意匠をほどこした窓枠が見える鼓楼街

廟」、西側が「住宅」といった構成をもっていた。譙楼近くには「行政府の前の通り」を意味する「府前街」が走り、かつて温州府がおかれた場所には「広場路小学」が立っている。

鼓楼街 鼓楼街 gǔ lóu jiē グウロウジエ　[★☆☆]

譙楼の前方を東西に走る鼓楼街。白の漆喰壁、黒の屋根瓦、木材を使った精緻な窓枠を特徴とするこの地方特有の民居がずらりとならぶ。また温州人に愛されている餛飩店、小吃店も位置する。

浙江省

温州から杭州へ

異民族の金が華北を占領すると、宋朝（南宋）は開封から江南へ南遷し、1130年、高宗は温州に逃れている。金に対する外交政策では、1130年に捕虜となっていた金から帰国した秦檜をはじめとする「和平派」と、1131年、その武勇で金軍を押し戻し、南宋朝廷を臨安（杭州）へと入城させた岳飛をはじめとする「主戦派」が併存していた。秦檜は紹興や温州知事、宰相を歴任し、やがて1141年、対立する岳飛を獄死させ、1142年に金と南宋のあいだに和議が結ばれた。秦檜など南宋朝廷で影響力をもつ官吏との関係もあって、多

Wenzhou 旧城中央城市案内

くの士大夫や文人が温州に移住し、都杭州からほどよい距離にある温州は空前の繁栄を見せた。南宋時代、温州で育まれた学問や文化は、都杭州や江南各地へ進出するほどで、崑劇から京劇へ連なる中国の戯曲に多大な影響をあたえた「南戯」は、温州で育まれた（南方の歌劇、雑劇で、現存する『張協状元』など、科挙をテーマにしたものが多い）。また疫病と闘う温州の神さまの温元帥信仰が温州から杭州、江南一帯へと広まったほか、温州の魚は杭州の市場にも出まわり、杭州には温州漆器の専門店も見られたという。

Guide,
Jiu Cheng Dong Fang
旧城東部
城市案内

温州旧城を南北に走る解放路
中山公園や華蓋山景区などの丘陵が広がり
古い路地がいくつも残るのもこのエリア

大南門 大南门 dà nán mén ダアナァンメン ［★☆☆］

温州旧城の南門にあたり、瑞安門の名でも知られた大南門。近代を迎えて温州を代表する繁華街となり、北側に温州旧城の大動脈にあたる解放街、南側に大南路が走る（東西にふたつあった旧城南門のうち西側を小南門、東側を大南門と呼び、大南門外には大南路こと南門大街が伸びていた）。この大南門は交通、商業の起点となっているほか、温州を代表する1998年創建の開太百貨が隣接して立つ。また商業店舗の集まる五馬歩行街、紗帽河も近くに位置する。

【地図】旧城東部

【地図】旧城東部の [★★★]
- ☐ 五馬歩行街 五马步行街 ウウマアブウシィンジエ

【地図】旧城東部の [★★☆]
- ☐ 謝霊運紀念館 谢灵运纪念馆 シィエリィンユゥンジイニィエングゥアン
- ☐ 温州旧城 温州旧城 ウェンチョウジィウチャン
- ☐ 紗帽河 纱帽河 シャアマァオハア
- ☐ 譙楼（鼓楼）谯楼 チィアオロウ

【地図】旧城東部の [★☆☆]
- ☐ 大南門 大南门 ダアナァンメン
- ☐ 人民路 人民路 レェンミィンルウ
- ☐ 温州世貿中心大厦 温州世贸中心大厦 ウェンチョウシイマオチョンシィンダアシャア
- ☐ 中山公園 中山公园 チョンシャンゴォンユゥエン
- ☐ 公園路 公园路 ゴォンユゥエンルウ
- ☐ 興文里 兴文里 シィンウェンリイ
- ☐ 墨池坊 墨池坊 モオチイファン
- ☐ 東門商業歩行街 东门商业步行街 ドォンメンシャァンイェブウシンジエ
- ☐ 解放街 解放街 ジィエフゥアンジエ

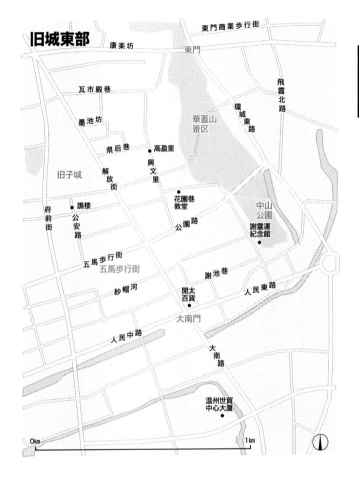

浙江省

人民路 人民路 rén mín lù レェンミィンルウ ［★☆☆］

人民路は東西に走る温州の大道脈で、温州大廈や開太百貨などの大型建築、10階建て以上の高層ビルがならび立つ。大型商店や銀行、その他オフィス、レストランなどが集まり、車やバスが往来する様子から、「温州第一街」とも「浙江夜景第一街」とも言われる。全長2250m、幅36mの通りは、かつて温州旧城の南側の城壁が走っていたところで、それを撤去して整備された。

▲左　公園路近くの温州料理店。　▲右　温州のランドマーク、高さ323.3mの温州世貿中心大廈

温州世貿中心大廈 温州世贸中心大厦
wēn zhōu shì mào zhōng xīn dà shà
ウェンチョウシイマオチョンシィンダアシャア ［★☆☆］

温州市街で一際高くそびえ、新たな温州のランドマークとなっている温州世貿中心大廈（世界貿易センター）。高さ323.3m、68階建ての超高層ビルで、伸びあがった上部先端は角錐型をしている。オフィス、住居、商業店舗などが入居する複合施設で、あたりは銀泰百貨なども集まることから、温州有数のビジネス、商業中心地でもある。

浙江省

中山公園 中山公园 zhōng shān gōng yuán
チョンシャンゴォンユゥエン [★☆☆]

温州旧城の南東に広がる丘陵を利用して整備された中山公園。高さ38.7mの積谷山から北側の華蓋山へと続き、松や柏などの自然が茂るなか、亭や景勝地が点在する。「中国革命の父」孫中山こと孫文をまつる中山紀念堂も立つ（1930年に開放された）。

謝霊運紀念館 谢灵运纪念馆 **xiè líng yùn jì niàn guǎn**
シィエリィンユゥンジイニィエングゥアン [★★☆]

積谷山（中山公園）の西麓に立ち、六朝を代表する文人の謝霊運（385〜433年）にまつわる謝霊運紀念館。謝霊運は王羲之の「王家」とならぶ六朝貴族の名門の「謝家（会稽の始寧県）」出身で、将来を嘱望されて都南京へ出た。422年、政争に敗れた謝霊運は温州（永嘉）に左遷され、当時の温州は都から離れた自然豊かな土地として知られていた。謝霊運は自らの孤独や憂いを自然に映し、詩にたくした山水詩をつくるようになり、ここに中国の山水詩がはじまったという（華

浙江省

北から南遷した漢族は、はじめて水や緑の豊かな江南の美しい自然にふれた)。謝霊運紀念館は、古くから謝霊運の名前がついた路地「謝池巷」の東端に建てられ、パネルや謝霊運の詩、印章などの展示が見られる。

永嘉（温州）時代の謝霊運

422年、温州（永嘉）に左遷された謝霊運は旧城南西の射堂に暮らし、1年間の温州時代に『晩出西射堂』『登江中孤嶼』など20数種類の詩を残している。六朝貴族のなかでも名家中の名家（謝氏）の出であった謝霊運の詩は、都南京にもす

▲左 この地で山水詩を生み出した謝霊運の紀念館。　▲右　旧城東部はゆるやかな丘陵が続く、中山公園にて

ぐに伝わり、貴族から庶民までその詩を書写したという。また永嘉太守の謝霊運は文人たちを招き、温州の人びとに書を教えたため、温州の気風が変わったとも伝えられる。

公園路 公园路 gōng yuán lù ゴォンユゥエンルウ ［★☆☆］
中山公園と華蓋山景区のあいだを通り、温州東門から旧城中心部へ伸びる公園路。このあたりはかつて開元寺や県城隍廟が立ち、南宋以来の温元帥（東岳爺は忠靖王）信仰も見られるなど、信仰の中心地だった。

浙江省

興文里 兴文里 xìng wén lǐ シィンウェンリイ ［★☆☆］

温州旧城東部を南北に走る路地の興文里。近くの県后巷（徳政坊）、瓦市殿巷などもふくめて、昔ながらの温州のたたずまいを残す一帯で、1840年代に建てられた「高盈里11号民居」、1912年に建てられた「瓦市殿巷36弄」はじめ、1887年に建設された「花園巷教堂」などが代表的な建築となっている。花園巷教堂はプロテスタントの最初の布教拠点となった場所で、1867年に布教がはじまった（温州は中国のプロテスタントにとって、エルサレムのような位置づけだったという）。

旧城東部城市案内

墨池坊 墨池坊 mò chí fāng モオチイファン ［★☆☆］

墨池坊は古くから温州商人や人びとが暮らしぶりがあり、「千年古坊」とも言われる路地。墨池という名称は、温州の官吏もつとめた六朝時代の書聖王羲之（307〜365年）に由来し、王羲之が筆を洗ったという「墨池」も見られる。また1785年創建の「墨池」という朱文字の刻まれた石碑（温州総兵、黄大謀による）のほか、1878年創建の「墨池小学」、池の周囲に庭園が広がる「墨池公園」なども位置する。

浙江省

東門商業歩行街 东门商业步行街
dōng mén shāng yè bù xíng jiē
ドォンメンシャァンイェブウシンジエ ［★☆☆］

店舗やレストランがずらりとならぶ温州の東門商業歩行街。温州旧城と甌江を結ぶ東門外には、1876年の開港後に商店が集まるようになり、甌江から入ってくる福建商人のジャンク船や福建新宮も見られた。また近くの康楽坊にも昔ながらの建築が残る。

強い絆と反骨の土地がら

CHINA
浙江省

人口は省都杭州をうわまわる
浙江省最大都市の温州
省内でも独特の習慣、言語をもつ

温州からはじまった

山がちで耕作地の不足していた温州では、農業だけはなかなか生活が立ちゆかず、古くから家庭内手工業による副業が行なわれてきた。こうしたなか1978年、鄧小平による改革開放がはじまり、資本主義の要素が導入されると、いち早くそれに対応したのが温州人であった(国家主導の社会主義経済から、誰でも自由に商売をしてよい資本主義へと遷った時代の流れをつかんだ)。ボタン、靴、衣料品といったアパレル、電気部品やプラスチック製品、日用品などの分野で、農民らがあいついで起業し、地縁や血縁を利用して中国全土に通じ

る商品をつくり、売りさばいていった。1980年に423元(農村部165元)だった温州人の収入は、1996年には7378元(農村部3371元)へと伸びたことから、温州は中国資本主義揺籃の地とされた。また人民公社から郷鎮企業へ発達した「蘇南モデル(蘇州や無錫)」とともに、私有制と家庭工場をもとにした「温州モデル(温州模式)」という言葉も生まれた。

マニ教が最後まで残った地

マニ教はゾロアスター教をもとにキリスト教や仏教などの要素をとり入れた禁欲的、二元論的な宗教で、3世紀のイラン

CHINA
浙江省

で生まれた。シルクロードを伝わって唐の都長安に伝わり、本国でついえたあとも中国ではかたちを変えながら1000年以上も生きながらえた。マニ教は外来の宗教であったことから、843年の会昌の法難で排斥され、呼禄法師が長安から福建に逃れて、その教えはやがて温州にも伝わった（呼禄法師とはパフラヴィー語で、説教師の職名「フローフ・ハーン」の音写だという）。宋代から元代にかけての温州はマニ教（明教）信仰の中心地となり、1120年時点で、温州には潜光院（選真寺）はじめ40ものマニ教寺院があったという。こうしたところから、宋朝は1117年と1120年の二度にわたって、マ

▲左　温州駅前は地元の人向けのホテル＆レストランがならぶ。　▲右　改革開放を受けて温州人は一気に前へ進んだ

ニ教経典を入蔵させている。イラン、アラブでは3〜10世紀、中国華北では7〜9世紀、この宗教を国教としたウイグルでは8〜11世紀、中国江南では9〜17世紀のあいだマニ教信仰が見られた。

反旗をひるがえした温台人

北宋徽宗（1082〜1135年）の奢侈な趣味を受けて、江南の奇石を華北に運ぶ「花石綱」は、貧しい生活を強いられていた浙江省南部の人びとを苦しめた。こうしたなか1120年、浙江内陸地帯の100万人もの農民が決起する方臘の乱が起こ

CHINA
浙江省

り、首謀者の方臘は「聖公」を称して、元号を「永楽」にあらためた。この方臘の乱との関係が指摘されるのがマニ教(喫菜事魔)で、「温・台の村民は多く妖法を学び、喫菜事魔と号し、衆聴を鼓惑し、州県を劫持す」という記録が残っている。温州では1121年に兪道安が方臘に呼応して反乱を起こし、ともに鎮圧されたものの、北宋の国力を弱め、滅亡の原因となった。また、元末、朱元璋、張士誠とともに、モンゴルに対する反乱を起こした方国珍(1319〜74年)が温州を勢力下としていた。方国珍はもともと海塩の運送と販売にたずさわる商人(海賊)で、「浙東三路(温州・台州・慶元)」

Wenzhou 強い絆と反骨の土地がら

から舟山群島へ勢力を広げていた。この方国珍に、温州や台州で農業、漁業や海賊を生業としていた人びとが従い、温州には方国珍の甥、方明善の拠点がおかれていた（方国珍をおさえて 1368 年、朱元璋が明を建国している）。

温州と日本

659 年、日本の遣唐使が流されて温州に漂着したと伝えられるなど、浙江沿岸の温州と日本のあいだには唐代から交流があった。第 4 次渡海にあたって温州に足跡を残した鑑真（688 ～ 763 年）、842 ～ 847 年に温州、五台山、長安を訪れ、仏教

CHINA
浙江省

経典をもち帰った入唐八家のひとり恵運(798〜869年)などの記録も残る。また杭州に都がおかれた南宋時代、寧波と博多を結ぶ航路もあって、浙江の仏教や文化、食、茶などが日本に伝わり、南宋の温州知州の韓彦直が1178年に記した柑橘類の専門書『橘録』は古くから日本人にも親しまれてきた(温州みかんの名前は、この温州からとられている)。時代がくだった江戸時代の1688年、温州商人が日本の長崎を訪れたと言い、当時、寧波や温州からの船は唐船や口船と呼ばれていた。こうした経緯をへて、1978年の改革開放で温州経済が台頭すると、日本と温州の交流はさらに深まることになった。

Guide, Wen Zhou Xin Cheng
新市街
城市案内

CHINA
浙江省

温州の新市街は旧城の東側につくられた
東海に接する岸辺まで拡大を続ける
巨大な都市が姿を見せている

温州新市街 温州新城
wēn zhōu xīn chéng ウェンチョウシイチャァン ［★☆☆］

旧市街の南側と東側に広がる温州新市街。1978年の改革開放以後、急速な発展を見せた温州では、旧城東部の広大な街区をもつ地に新市街や開発区がつくられた。市街南東5kmに温州駅があり、そのそばに「温州市政府」「温州博物館」「温州図書館」などの公共施設が集まる「世紀広場」が広がる。また甌江沿いには「温州国際会展中心」、甌江河口部の温州湾に面して「温州龍湾国際空港」が位置する。

世紀広場 世纪广场
shì jì guǎng chǎng シイジイグゥアンチャァアン［★☆☆］

高さ60mの観光塔がそびえ、大型建築がならび立つ世紀広場。緑地が確保された広大な敷地のなか、「温州博物館」「温州市図書館」「温州科技館」「温州大劇院」が集まる。21世紀を迎えるにあたって整備され、温州の政治、文化、拠点となっている。

【地図】温州新市街

【地図】温州新市街の [★★☆]
- [ ] 温州旧城 温州旧城ウェンチョウジィウチャン

【地図】温州新市街の [★☆☆]
- [ ] 温州新市街 温州新城ウェンチョウシイチャァン
- [ ] 世紀広場 世纪广场シイジイグゥアンチャァアン
- [ ] 温州国際会展中心 温州国际会展中心 ウェンチョウグゥオジイフイチャンチョンシィン
- [ ] 温州大橋 温州大桥ウェンチョウダアチャオ
- [ ] 南塘 南塘ナァンタァン
- [ ] 甌江 瓯江オォウジィアン

温州新市街

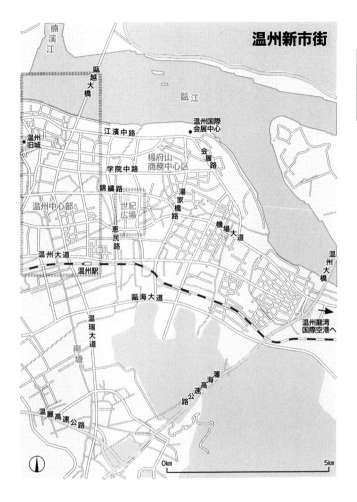

【地図】世紀広場の ［★☆☆］

- [ ] 世紀広場 世纪广场 シイジイグゥアンチャァアン
- [ ] 温州博物館 温州博物馆 ウェンチョウボオウグゥアン

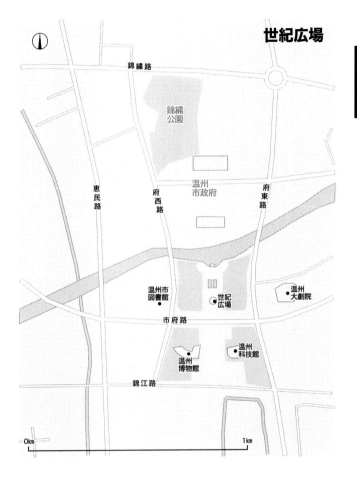

浙江省

温州博物館 温州博物馆 wēn zhōu bó wù guǎn
ウェンチョウボオウグゥアン［★☆☆］

温州博物館は1958年以来、江心嶼にあったが、2003年にこちらで新たに開館した。歴史館、工芸館、自然館、書画館、陶瓷館からなり、海外にも輸出された宋代の「陶磁器」、明代の「書画」、中国各王朝で鋳造された「貨幣」、北宋時代に使われた「漆器」、民間工芸の「木彫」など、温州ゆかりの収蔵品を展示する。

温州近くで焼かれた龍泉窯

温州から甌江をさかのぼった浙江省南部の龍泉にあった龍泉窯。五代の呉越（907〜978年）末期ごろから焼かれはじめ、とくに宋（960〜1279年）代から明（1368〜1644年）代にかけて質の高い青磁を生んだ中国最大の青磁窯と知られる。土と水のよい浙江省では、1世紀ごろから越州窯が焼かれ、陶芸の技術は越州（紹興）から海をへて温州へいたり、甌江を遡上して龍泉窯に伝わったと考えられている（温州から150km甌江をさかのぼって職人が龍泉に来て生産を管理したともいう）。青磁は土の鉄分が還元焼成されることで青くなっ

CHINA
浙江省

▲左　温州旧城の南東 5kmに位置する温州駅。　▲右　温州新市街では林立する高層ビルも見える

たもので、日本では南宋時代の青色をした陶磁器を「青磁」、元明時代の緑色をした陶磁器を「天龍寺」と呼んだ。明代になって江西省景徳鎮が台頭し、龍泉窯は衰退していった。

温州国際会展中心 温州国际会展中心
wēn zhōu guó jì huì zhǎn zhōng xīn
ウェンチョウグゥオジイフイチャンチョンシィン ［★☆☆］

温州旧城から東に 6km、甌江にのぞむように立つ温州国際会展中心。衣料、靴といったアパレル関係から機械部品、自動車など、温州の見本市や交易会がここで行なわれる。1〜7

【MEMO】

号展からなる広大な建物で、あたりの楊府山商務中心区も開発が進んでいる。

温州大橋 温州大桥
wēn zhōu dà qiáo ウェンチョウダアチャオ [★☆☆]

甌江河口部にかかり、甌江北岸と南岸を結ぶの長さ6977mの温州大橋(橋梁部分以外もあわせると全長17.1km)。海から来る船舶にとって温州への入口となっていて、大型船がこの橋のしたを通過する。北橋と南橋からなり、交通の便の悪かった浙江省台州と温州とのアクセスを大きく向上させた。

温州経済技術開発区 温州经济技术开发区
wēn zhōu jīng jì jì shù kāi fā qū
ウェンチョウジィンジイジイシュウカァイファアチュウ[★☆☆]

温州経済技術開発区は、1992年に整備され、拡大していった開発区。新エネルギー、自動車部品などをあつかい、税制を優遇することで外資も呼びこまれている。温州龍湾国際空港のそばに位置する。

【地図】温州新市街と温州空港の ［★☆☆］

- ☐ 温州新市街 温州新城 ウェンチョウシィチャァン
- ☐ 世紀広場 世纪广场 シイジイグゥアンチャァアン
- ☐ 温州国際会展中心 温州国际会展中心 ウェンチョウグゥオジイフイチャンチョンシィン
- ☐ 温州大橋 温州大桥 ウェンチョウダアチャオ
- ☐ 温州経済技術開発区 温州经济技术开发区 ウェンチョウジィンジイジイシュウカァイファアチュウ

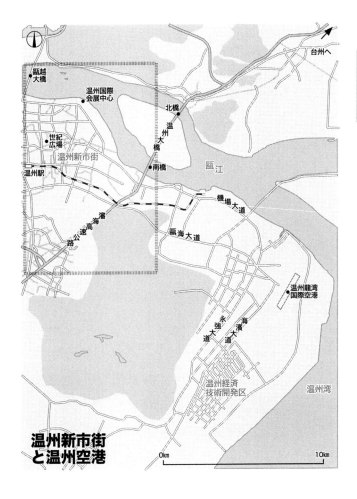

Guide, Jiu Cheng Fu Jin
旧城近郊
城市案内

CHINA
浙江省

温州旧城から少し離れると
水路がめぐる水郷の風景ものぞかせる温州
景山公園や会昌湖などの景勝地が位置する

水心公園 水心公园
shuǐ xīn gōng yuán シュイシィンゴォンユゥエン [★☆☆]

温州の永嘉学派を代表する文人として知られる葉適（1150〜1223年）。この葉適は朱熹らと違って朝廷と距離をとりながら、経済や実用性を重視する学問を展開した。葉適の晩年の住処であった水心村が温州旧城の南西に位置し、そのことが葉適の号「水心」の由来となった（「水心先生」と呼ばれた）。ちょうど運河が交わる地点に、葉適ゆかりの水心公園や水心街が残っている。

旧城近郊城市案内

景山公園 景山公园
jǐng shān gōng yuán ジィンシャンゴォンユゥエン［★☆☆］

温州旧城の西郊外に位置する広大な景山公園。『晩出西射堂』を詠んだ謝霊運（385〜433年）もしばしばこの地を訪れたという。パンダやキンシコウ、熊、ライオン、シベリアン・タイガーなどを飼育する温州動物園が位置するほか、西山青瓷古窯の遺構が残り、茶や桃、梅といった植物も栽培されている。

【地図】温州近郊

【地図】温州近郊の [★★★]
- [ ] 江心嶼 江心屿 ジィアンシィンユゥウ

【地図】温州近郊の [★★☆]
- [ ] 九山公園 九山公园 ジィウシャンゴォンユゥエン
- [ ] 温州旧城 温州旧城 ウェンチョウジィウチャン

【地図】温州近郊の [★☆☆]
- [ ] 水心公園 水心公园 シュイシィンゴォンユゥエン
- [ ] 景山公園 景山公园 ジィンシャンゴォンユゥエン
- [ ] 会昌湖 会昌湖 フゥイチャンフウ
- [ ] 南塘 南塘 ナァンタァン
- [ ] 甌江 瓯江 オォウジィアン

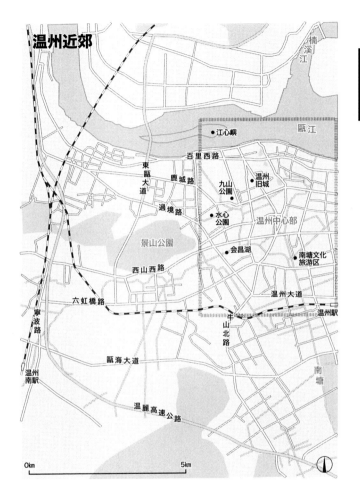

浙江省

会昌湖 会昌湖 huì chāng hú フゥイチャンフウ [★☆☆]
温州旧城を走る運河が集まり、かつて西湖とたたえられた景勝地の会昌湖。宋代から詩に詠まれるなど、風光明媚の地と知られ、現在は公園として整備されている。端午節にあわせて南中国の風物詩とも言える龍舟競漕も見られる。

Wenzhou | 旧城近郊城市案内

南塘 南塘 nán táng ナァンタァン ［★☆☆］

南塘は、この地方の中心都市である温州と南の瑞安を結び、物資や人を運ぶ舟が往来した（「南船北馬」の言葉があるように、舟が温州のおもな交通手段となった）。白鹿洲公園の対岸に「南塘街」「南塘文化旅游区」があり、そこから25km南方の瑞安へ向かって水路が伸びている。この水路に向かって農村地帯からの小水路が無数にはりめぐらされ、虹橋のかかる姿は江南の原風景を思わせる。南塘ほとりには水路を進む人の指針となった「白象塔」、仏教寺院の「頭陀寺」も位置し、端午の節句では龍舟競漕が行なわれる。

【地図】南塘

【地図】南塘の ［★☆☆］
- 南塘 南塘ナァンタァン
- 温州楽園 温州乐园ウェンチョウラアユュエン

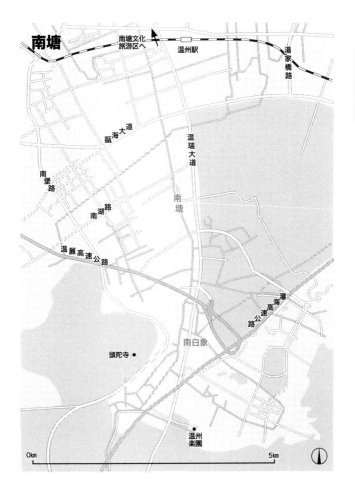

浙江省

温州楽園 温州乐园
wēn zhōu lè yuán ウェンチョウラアユゥエン [★☆☆]

温州楽園は温州南郊外に位置する総合アミューズメントパークで、ジェット・コースターや各種アトラクション、パレードが楽しめる。巨大な恐竜の模型が立つ「恐竜谷探検区」、高空飛翔のある「冒険谷」、海賊船やアラビアンナイトの世界が広がる「西部区」、車などの乗りものを中心とした「卡通区」、子ども向けの「児童歓楽天地」、西欧世界が再現された「欧陸風情区」などからなる。

Guide,
Wen Zhou Jiao Qu
温州郊外城市案内

謝霊運が山水詩に詠んだ風光明媚
改革開放の申し子とも言える橋頭鎮
華僑を輩出した青田が位置する

橋頭鎮 桥头镇 qiáo tóu zhèn チャオトォウチェン ［★☆☆］
橋頭鎮は代表的温州商人を生んだ場所で、数百を超えるボタンやファスナー店の市場を抱える。1979年、葉克春、葉克林の兄弟が台州で売れ残ったボタンをもって帰って橋頭鎮で販売したところ、大きな収益をあげた。こうした事情から温州商人成功の典型例として知られ、その後、多くのボタンメーカーが橋頭鎮に集まるようになった。

【地図】温州郊外の [★☆☆]

- ☐ 橋頭鎮 桥头镇 チャオトォウチェン
- ☐ 楠溪江風景名勝区 楠溪江风景名胜区 ナァンシイジィアンフェンジィンミィンシェンチュウ
- ☐ 雁蕩山風景名勝区 雁荡山风景名胜区 ヤァンダァンシャンフェンジィンミィンシェンチュウ
- ☐ 澤雅風景区 泽雅风景区 ザアヤアフェンジィンチュウ
- ☐ 青田 青田 チィンティエン
- ☐ 玉海楼 玉海楼 ユウハァイロウ
- ☐ 明教寺 明教寺 ミィンジィアオスウ
- ☐ 温州経済技術開発区 温州经济技术开发区 ウェンチョウジィンジイジイシュウカァイファアチュウ

温州郊外

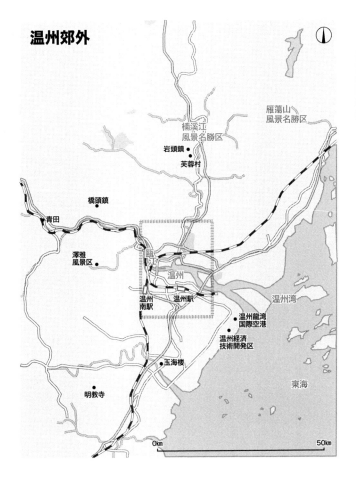

浙江省

楠溪江風景名勝区 楠溪江风景名胜区
nán xī jiāng fēng jǐng míng shèng qū
ナァンシイジィアンフェンジィンミィンシェンチュウ [★☆☆]

北から流れて温州で甌江と合流する全長145kmの楠溪江（甌江北岸の楠溪江沿いは、温州に街ができる以前から人びとが暮らしていた場所）。この楠溪江の上流は風景名勝区に指定されていて、両岸からせまる崖や美しい山水、田園、伝統的な集落が広がる。古い街並みが残る「芙蓉村」、五代末期からの「岩頭鎮」、水辺にそって続く「麗水街（岩頭鎮）」などが知られる。

雁蕩山風景名勝区 雁荡山风景名胜区
yàn dàng shān fēng jǐng míng shèng qū
ヤァンダァンシャンフェンジィンミィンシェンチュウ［★☆☆］

標高1150mの百崗尖を中心にいくつもの峰や岩が連なる雁蕩山風景名勝区。南京に都がおかれた六朝（229～589年）時代から知られ、そそり立つ絶壁が見られる「霊峰景区」、霊岩寺や洞窟の位置する「霊岩景区」、高度差190mの大龍湫瀑布のある「大龍湫景区」はじめ、「顕勝門景区」「仙橋景区」などからなる。1億2000万年前の火山活動によってつくられた地質をもち、世界地質公園にも指定されている。

浙江省

澤雅風景区 泽雅风景区
zé yǎ fēng jǐng qū ザアヤアフェンジィンチュウ [★☆☆]

澤雅風景区は甌江支流の戍浦江沿いに広がり、渓流や山、滝などが一帯となった美しい景観を見せる。もともとこのあたりを寨下と呼んだが、「寨下」は温州語では「澤雅」と同音のため澤雅という名前になった。元代の「寂照寺」、明代の「漫水橋」なども残り、「西雁蕩山」とたたえられる。

青田 青田 **qīng tián チィンティエン** [★☆☆]

温州から甌江をさかのぼったところに位置する青田。唐代の

▲左　温州と青田を結ぶ甌江、豊かな自然に彩られている。　▲右　温州は水郷という一面ももつ

711年から街があるものの耕地が少なく、貧しい暮らしにあまんじる人びとも多かった。そのため温州とともに華僑を多数輩出した地で、20世紀初頭、多くの青田人が出稼ぎとして日本へ渡った。国民栄誉賞を受賞する王貞治の父「王仕福」もそのなかのひとりだった（王仕福は故郷の村から船を乗り継いで、温州、上海、神戸、東京へと移動した）。交通の便の悪さから、「温州と青田ですら言葉が異なる」と言われたほどだったが、現在の青田には甌江（大溪）両岸に高層ビルも見られるようになった。

浙江省

玉海楼 玉海楼 yù hǎi lóu ユウハァイロウ ［★☆☆］

玉海楼は瑞安に残る蔵書楼で、清代末期の1888年に建てられた。孫衣言（1814〜94年）とその子である孫詒譲（1848〜1908年）によって集められた8〜9万冊の蔵書を誇り、私設図書館としてはこの地方を代表するものだった。四合院が連なる清代の伝統的な建築様式で、そばには防火用の池もある。

明教寺 明教寺 míng jiào sì ミィンジィアオスウ ［★☆☆］

温州郊外に残る明教寺は942年の創建で、マニ教（明教）の

Wenzhou 温州郊外城市案内

伝統を伝える寺としても知られた（保福寺とも言い、17世紀ごろまでこの地でマニ教が存続したと考えられている）。古代ペルシャの宗教マニ教は、ゾロアスター教をもとにした二元論を教義とし、唐の都長安に伝わったが、やがて廃仏を受け、福建から温州に伝わった。1120年ごろの温州にはマニ教寺院が40か所あったと言われ、「温州の明（マニ）教徒は、暦の中に密日（日曜日）を導入していた」と記録される。マニ教はほとんどが道教や仏教のなかに溶け込み、明教寺は1990年代に再建された。

浙江省

山の民ショオ族

温州南部、福建省との省境あたりに暮らす少数民族のショオ（畬）族。温州にはもともと漢民族とは異なる「東甌」と呼ばれる人びとが暮らし、漢民族はそうした南方民族を「百越」と呼んだ。ショオ族はこの百越の人びとの子孫と考えられ、浙江省、江西省、福建省の丘陵地帯で暮らしている（漢族の南下とともに丘陵地帯へ逃れた）。かつては焼畑を行ないながら、生計を立てていたと言い、木材や木器、茶、薬草などの産業を生業としてきた。同じ少数民族のミャオ族やヤオ族と関係が深いとされる。

城市の
うつり
かわり

CHINA
浙江省

山海経に「甌居海中」と記された温州
南宋時代の繁栄、1876年の開港をへて
20世紀末から飛躍的な発展を見せた

古代（〜7世紀）

温州には戦国時代（〜前221年）から港があり、海上交易が行なわれていた。当時の温州は「東甌」と呼ばれる非漢民族「百越」の一派の暮らす地で、温州で甌江と合流する楠溪江沿いにその足跡が残っている（浙江甌江の「東甌」こと「甌越」、福建閩江の「閩越」、広東珠江の「南越」というように、水系ごとに百越諸族が暮らしていた）。秦が中国を統一したあとの紀元前192年（漢代）、騶搖がこの地に封じられ、東海王を名乗っていた。より交通の便のよい甌江南岸に街がつくられたのは東晋の323年で、華北が北方民族に占領され、漢

族の都は南京に遷都されていた。当時、永嘉と呼ばれた温州は美しい自然で知られ、この温州で詠まれた六朝貴族謝霊運の山水詩が中国山水詩のはじまりをつげた。

唐宋（7〜13世紀）

唐代の674年に温州という地名が定着し、この時代から温州は港町として台頭したほか、南方の福建からの移民もあって水利が整えられ、開拓も進んだ。五代十国時代の907年、温州旧城の中央に子城が整備され、入れ子状（二重）の城壁をもつ街区となった。続く北宋時代の温州は、中国を代表する

CHINA
浙江省

造船の街と知られ、杭州を都とする南宋(1127 〜 1279 年)時代の温州の繁栄は中国有数のものだった(1130 年、金軍から逃れた朝廷の行宮もおかれている)。南遷した士大夫が温州に暮らし、にぎわう料理店、茶坊、妓院、また柑橘類、陶磁器、漆器の産地という性格から「小杭州(都杭州に準ずる都市)」とも呼ばれた。この時代、温州には 40 ものマニ教寺院があったと伝えられている。

▲左　温州は甌江の恵みを受けてその南岸にひらけた。　▲右　人びとの生活が息づく温州旧城の路地にて

元明清（13〜19世紀）

温州の繁栄は元代も続き、1350年、倭寇の侵略を受けて、「温州旧城の守りを固めた」といった記録が残る。また元末、塩商人出身の方国珍が「浙東三路（温州・台州・慶元）」から舟山群島に広がる地方政権を形成している。明（1368〜1644年）代に入ると、朝廷との距離も遠くなり、倭寇が跋扈する沿岸地帯ということもあって、温州は衰退を余儀なくされた。明清時代も、温州旧城はいくどか改修されていて、この時代、耕作地の少ない温州という土地がらから、農業以外の手工業が発達していった。

浙江省

近現代（19世紀～）

16世紀ごろから西欧人は中国に進出し、アヘン戦争（1840～42年）で清朝がイギリスに敗れると、中国の港町は開港することになった。温州の開港は、1876年の煙台条約で決まり、江心嶼にイギリス領事館が構えられた（甌海関がおかれ、開港とともに多くの温州人が華僑として海を渡っている）。中華民国時代の1932年に温州の街は拡張され、1945年、温州旧城の城壁はすべて撤去されたが、1949年の中華人民共和国設立後は台湾に近い立地から投資がひかえられていた。こうしたなか、1978年に改革開放がはじまると、温州

▲左　凍った梅のデザートの売り手、江心嶼にて。　▲右　温州料理は杭州料理、紹興料理、寧波料理とならぶ浙江料理

人はボタンや靴、アパレル関係などで次々に商売を成功させ、「温州商人」の名は中国全土に響き渡った。中国各地に進出した温州人は、当地で温州街をつくり、その強い地縁、血縁ネットワークをもとに各方面で活躍している。

参考文献

『中国のみかん産地・温州の歴史と現代』(岡元司 / 地域アカデミー公開講座報告書)

『宋代沿海地域社会史研究』(岡元司 / 汲古書院)

『中国知識人の基層社会』(伊原弘 / 思想)

『温州商人の市場活動に関する研究の系譜』(張華 / 山梨学院大学現代ビジネス研究)

『中国山水詩の誕生と温州の山水』(黄世中・中木愛訳 / 中国学研究論集)

『商機を見いだす「鬼」になれ』(郭海東・張文彦 / 阪急コミュニケーションズ)

『温州市志』(温州市志編纂委員会編・章志诚主編 / 中华书局)

『温州港史』(周厚才 / 人民交通出版社)

『温州市城市建设志』(《温州市城市建设志》编纂委員会編 / 中国建筑工业出版)

『温州民俗』(叶大兵 / 海洋出版社)

『温州佛寺』(温州佛教协会主编 / 中国文联出版社)

『温州老街』(施菲菲 / 浙江摄影出版社)

『温州华侨史』(温州华侨华人研究所编 / 今日中国出版社)

温州旅游网 - 温州市旅游局官方网站 http://www.wzta.gov.cn/

『世界大百科事典』（平凡社）

［PDF］温州 STAY（ホテル＆レストラン情報）http://machigotopub.com/pdf/wenzhoustay.pdf

まちごとパブリッシングの旅行ガイド
Machigoto INDIA , Machigoto ASIA , Machigoto CHINA

【北インド - まちごとインド】

001 はじめての北インド
002 はじめてのデリー
003 オールド・デリー
004 ニュー・デリー
005 南デリー
012 アーグラ
013 ファテープル・シークリー
014 バラナシ
015 サールナート
022 カージュラホ
032 アムリトサル

【西インド - まちごとインド】

001 はじめてのラジャスタン
002 ジャイプル
003 ジョードプル
004 ジャイサルメール
005 ウダイプル
006 アジメール（プシュカル）
007 ビカネール
008 シェカワティ
011 はじめてのマハラシュトラ
012 ムンバイ
013 プネー
014 アウランガバード
015 エローラ
016 アジャンタ
021 はじめてのグジャラート
022 アーメダバード
023 ヴァドダラー（チャンパネール）
024 ブジ（カッチ地方）

【東インド - まちごとインド】

002 コルカタ
012 ブッダガヤ

【南インド - まちごとインド】

001 はじめてのタミルナードゥ
002 チェンナイ
003 カーンチプラム
004 マハーバリプラム
005 タンジャヴール
006 クンバコナムとカーヴェリー・デルタ
007 ティルチラパッリ
008 マドゥライ
009 ラーメシュワラム
010 カニャークマリ
021 はじめてのケーララ
022 ティルヴァナンタプラム
023 バックウォーター（コッラム～アラップーザ）
024 コーチ（コーチン）
025 トリシュール

【ネパール - まちごとアジア】

001 はじめてのカトマンズ
002 カトマンズ
003 スワヤンブナート

004 パタン
005 バクタプル
006 ポカラ
007 ルンビニ
008 チトワン国立公園

【バングラデシュ - まちごとアジア】

001 はじめてのバングラデシュ
002 ダッカ
003 バゲルハット（クルナ）
004 シュンドルボン
005 プティア
006 モハスタン（ボグラ）
007 パハルプール

【パキスタン - まちごとアジア】

002 フンザ
003 ギルギット（KKH）
004 ラホール
005 ハラッパ
006 ムルタン

【イラン - まちごとアジア】

001 はじめてのイラン
002 テヘラン
003 イスファハン
004 シーラーズ
005 ペルセポリス
006 パサルガダエ（ナグシェ・ロスタム）
007 ヤズド
008 チョガ・ザンビル（アフヴァーズ）
009 タブリーズ

010 アルダビール

【北京 - まちごとチャイナ】

001 はじめての北京
002 故宮（天安門広場）
003 胡同と旧皇城
004 天壇と旧崇文区
005 瑠璃廠と旧宣武区
006 王府井と市街東部
007 北京動物園と市街西部
008 頤和園と西山
009 盧溝橋と周口店
010 万里の長城と明十三陵

【天津 - まちごとチャイナ】

001 はじめての天津
002 天津市街
003 浜海新区と市街南部
004 薊県と清東陵

【上海 - まちごとチャイナ】

001 はじめての上海
002 浦東新区
003 外灘と南京東路
004 淮海路と市街西部
005 虹口と市街北部
006 上海郊外（龍華・七宝・松江・嘉定）
007 水郷地帯（朱家角・周荘・同里・甪直）

【河北省 - まちごとチャイナ】

001 はじめての河北省
002 石家荘
003 秦皇島
004 承徳
005 張家口
006 保定
007 邯鄲

【江蘇省 - まちごとチャイナ】

001 はじめての江蘇省
002 はじめての蘇州
003 蘇州旧城
004 蘇州郊外と開発区
005 無錫
006 揚州
007 鎮江
008 はじめての南京
009 南京旧城
010 南京紫金山と下関
011 雨花台と南京郊外・開発区
012 徐州

【浙江省 - まちごとチャイナ】

001 はじめての浙江省
002 はじめての杭州
003 西湖と山林杭州
004 杭州旧城と開発区
005 紹興
006 はじめての寧波
007 寧波旧城
008 寧波郊外と開発区
009 普陀山
010 天台山
011 温州

【福建省 - まちごとチャイナ】

001 はじめての福建省
002 はじめての福州
003 福州旧城
004 福州郊外と開発区
005 武夷山
006 泉州
007 廈門
008 客家土楼

【広東省 - まちごとチャイナ】

001 はじめての広東省
002 はじめての広州
003 広州古城
004 天河と広州郊外
005 深圳（深セン）
006 東莞
007 開平（江門）
008 韶関
009 はじめての潮汕
010 潮州
011 汕頭

【遼寧省 - まちごとチャイナ】

001 はじめての遼寧省
002 はじめての大連
003 大連市街
004 旅順
005 金州新区

006 はじめての瀋陽
007 瀋陽故宮と旧市街
008 瀋陽駅と市街地
009 北陵と瀋陽郊外
010 撫順

【重慶 - まちごとチャイナ】

001 はじめての重慶
002 重慶市街
003 三峡下り（重慶〜宜昌）
004 大足

【香港 - まちごとチャイナ】

001 はじめての香港
002 中環と香港島北岸
003 上環と香港島南岸
004 尖沙咀と九龍市街
005 九龍城と九龍郊外
006 新界
007 ランタオ島と島嶼部

【マカオ - まちごとチャイナ】

001 はじめてのマカオ
002 セナド広場とマカオ中心部
003 媽閣廟とマカオ半島南部
004 東望洋山とマカオ半島北部
005 新口岸とタイパ・コロアン

【Juo-Mujin（電子書籍のみ）】

Juo-Mujin 香港縦横無尽
Juo-Mujin 北京縦横無尽
Juo-Mujin 上海縦横無尽

【自力旅游中国 Tabisuru CHINA】

001 バスに揺られて「自力で長城」
002 バスに揺られて「自力で石家荘」
003 バスに揺られて「自力で承徳」
004 船に揺られて「自力で普陀山」
005 バスに揺られて「自力で天台山」
006 バスに揺られて「自力で秦皇島」
007 バスに揺られて「自力で張家口」
008 バスに揺られて「自力で邯鄲」
009 バスに揺られて「自力で保定」
010 バスに揺られて「自力で清東陵」
011 バスに揺られて「自力で潮州」
012 バスに揺られて「自力で汕頭」
013 バスに揺られて「自力で温州」

【車輪はつばさ】
南インドのアイラヴァテシュワラ寺院には建築本体に車輪がついていて寺院に乗った神さまが人びとの想いを運ぶと言います。

・本書はオンデマンド印刷で作成されています。
・本書の内容に関するご意見、お問い合わせは、発行元のまちごとパブリッシング info@machigotopub.com までお願いします。

まちごとチャイナ
浙江省011温州
～「温州発」全土へ、世界へ［モノクロノートブック版］

2017年11月14日　発行

著　者	「アジア城市（まち）案内」制作委員会
発行者	赤松　耕次
発行所	まちごとパブリッシング株式会社 〒181-0013　東京都三鷹市下連雀4-4-36 URL http://www.machigotopub.com/
発売元	株式会社デジタルパブリッシングサービス 〒162-0812　東京都新宿区西五軒町11-13 清水ビル3F
印刷・製本	株式会社デジタルパブリッシングサービス URL http://www.d-pub.co.jp/

MP145

ISBN978-4-86143-279-8 C0326　　　Printed in Japan
本書の無断複製複写(コピー)は、著作権法上での例外を除き、禁じられています。